2ª edição
Do 5º ao 6º milheiro
1.000 exemplares
Maio/2019

© 2010-2019 by Boa Nova Editora

Composição e diagramação
Jéssica Ferreira Sales
Isabela Tanasovichi

Ilustrações
Vinicius Giacomini

Revisão
Cláudia Rocha

Coordenação editorial
Ronaldo A. Sperdutti

Impressão
Mundial Gráfica

O produto da venda desta obra é destinado à
manutenção das atividades assistenciais da
Sociedade Espírita Boa Nova,
de Catanduva, SP.

Dados Internacionais de Catalogação na Publicação (CIP)
(Câmara Brasileira do Livro, SP, Brasil)

Fonseca, Maria Ivone de Oliveira
O Sonho de Guto / Maria Ivone de Oliveira Fonseca. --
Catanduva, SP :
Instituto Beneficente Boa Nova, 2009.

ISBN 978-85-99772-37-9

1. Espiritismo 2. Literatura infanto-juvenil
I. Título.

09-10272   CDD-133.9

Índices para catálogo sistemático:
1. Literatura infanto-juvenil espírita 133.9

Impresso no Brasil/*Presita en Brazilo*

O Sonho de Guto

Maria Ivone de Oliveira Fonseca

Ilustrações

Vinícius Giacomini

Guto era um menino assim:
Bem educado,
Estudioso,
Obediente.

E, como todo menino, ele também
adorava:
Brincar,
Correr,
Divertir-se.
Guto adorava viver!

Mas...

Às vezes, ele parava para prestar atenção nas pessoas.

Via gente triste. Doente. Abandonada.

Via também crianças maltratadas, até mesmo dentro de suas próprias casas.

Elas acabavam se revoltando, fugindo pras ruas e ficando agressivas.

5

Como o Dudu.

Ela era um menino rebelde.

Apanhava muito em casa.

Aí, saía de casa e batia também.

Em tudo. Em todos.

Até mesmo o Guto já tinha apanhado dele.

Nessas horas, Guto ficava triste.

Muito triste.

6

Então, batia uma vontade grande de abraçar toda essa gente.

De dizer coisas bonitas.

De consolar.

De chamar para brincar.

De ensinar tudo o que ele já sabia.

Mas Guto não tinha coragem.

Sabe por quê?

É que ensinaram pra ele, desde bem pequenininho:

– Menino não chora!

– Menino não se emociona!

– Menino não apanha. Nem leva desaforo pra casa!

– Menino não pode mostrar que tem sentimentos!

– Nunca!

Então, Guto chorava por dentro, e passava de cabeça baixa, pra ninguém perceber sua tristeza.

8

À noite antes de dormir, ele fazia suas orações e depois ganhava um beijo da mamãe e do papai (só ganhava, porque lhe disseram que ficar beijando mamãe e papai era coisa para meninas). Então, Guto ia dormir.

9

Certa noite, ele sonhou.
Foi um sonho tão diferente que até hoje ele
não sabe se foi sonho ou se foi verdade.
Foi assim:

Ele estava no meio de um campo todo gramado, verdinho!
O céu muito azul. Cantos de aves que ele não via e
perfume de mil flores enchiam o ar.
De repente, começaram a surgir borboletas.
De todos os tamanhos e cores.
Dezenas. Centenas.
Guto estava maravilhado, mas também assustado.
Elas voavam ao redor dele, como um bailado de cores.
Pareciam um arco-íris que se movia sem parar!

11

Até que uma delas, a mais bonita, falou (era um sonho):

– Não tenha medo, Guto. Queremos conversar com você.

Ele só conseguiu perguntar:

– Quem são vocês?

Dançando no ar, a borboleta respondeu:

– Somos os seus sentimentos...

– ???

– Isso mesmo. Os sentimentos bons, as palavras bonitas, os beijos e abraços que você tem vontade de distribuir mas não tem coragem. Somos também os sentimentos de mágoa, de tristeza ou de raiva que você sempre reprime.

A borboleta continuou:

– Inventaram que menino não chora, não beija, não abraça. Não apanha nem leva desaforo pra casa. Aí, sabe o que acaba acontecendo?

Nós ficamos presos.

E acabamos por causar sofrimento.

Quando isso acontece, o menino cresce com o coração endurecido e insensível.

E se transforma em um adulto que nunca se sensibiliza. Que se fecha e não deixa sair o AMOR que existe dentro dele.

Então, o mundo fica cheio de pessoas de coração vazio.

Pessoas que reprimem ou liberam seus sentimentos
da maneira errada,
espalhando a violência por onde passam.
Por isso, nós viemos pedir que
você nos liberte.
Abra a gaiola do seu coração e deixe-nos sair.
Você vai ver que maravilhas podemos fazer!

Então, as borboletas foram sumindo,
sumindo e Guto acordou.

13

Estava impressionado com o sonho!

Quis contar para mamãe, mas faltou coragem.

Só que ele não conseguia parar de pensar nas palavras da borboleta.

Então, resolveu tentar.

Que tal começar dentro de casa?

– Bom dia, mamãe!

É claro que mamãe levou um susto.

Mas abriu os braços, e beijando Guto, respondeu:

– Bom dia, meu filho!

E ganhou um abraço apertado e um longo beijo muito carinhoso!

Mamãe ficou feliz pelo resto do dia.

Depois do café, Guto saiu.

E falou ao entregador de jornais:

– Bom dia, seu Antenor! Como vai o senhor?

Seu Antenor sentiu uma emoção diferente, e respondeu:

– Bom dia, Guto!

Naquele dia, ele trabalhou com muito mais amor.

Chegando à escola, Guto saudou os colegas e a professora:

— Bom dia para todos vocês!

A princípio todos ficaram surpresos.

Mas logo se refizeram e responderam em coro:

— Bom dia, Guto!

Pelo resto do dia, a sala pareceu mais cheia de alegria.

Por onde passava, Guto ia distribuindo felicidade.
E todo mundo lhe devolvia um sorriso.
Até mesmo as árvores e as plantas que encontrava, ele cumprimentava:
– Bom dia, amiga árvore. Bom dia, dona roseira.
E não é que elas pareciam responder, exalando perfume e verdor mais intensos?
Guto se sentia tão feliz que parecia flutuar...
Por que não havia tido coragem de fazer isso há mais tempo?

Quando encontrou Dudu, Guto teve medo.

Dudu era um menino rebelde.

Não tinha amigos.

Será que com ele ia funcionar?

Guto resolveu tentar:

– Vamos brincar, Dudu?

O garoto ficou indeciso.

Mas era apenas um menino. E estava carente de amigos.

De afeto. De brincadeiras. De tudo.

Eles brincaram muito.

Na despedida, Guto abraçou Dudu, sorrindo:

– Até amanhã, amigo.

Os dois estavam muito, muito felizes!

19

Guto foi ficando diferente.
Estava aprendendo a chorar e a rir.
E a se emocionar. E a amar.
E, o mais interessante: ele descobriu
que as pessoas, quando eram amadas,
deixavam de ser tristes, e também passavam
a transmitir alegria. Dudu já não batia.
Por isso, também não apanhava. Logo, logo,
os pais do Dudu aprenderam a não bater.
Parecia um milagre!

20

Mas tinha uma coisa que Guto não conseguia entender.
É que a borboleta, no sonho, havia falado que os
sentimentos agressivos também precisavam ser liberados,
só que da maneira certa.
E que maneira seria essa?

Pois foi justamente nesse dia que Guto encontrou o Tiago.

Eles estudavam na mesma turma. Mas eram bem diferentes.

Guto estudava e sempre tirava as melhores notas.

Tiago, ao contrário, tinha muita dificuldade para aprender.

Por isso, vivia "colando" dos colegas na hora da prova.

Na última prova de matemática, Tiago copiou todas as respostas
da prova do Guto sem que ele percebesse.

Aí, a professora anulou ambas as provas e aplicou a nota mínima: zero!

A raiva de Guto foi tão grande que ele trocou de lugar na sala. E nunca mais falou com Tiago.

Mas essa raiva, presa dentro dele, causava-lhe um grande mal-estar. Guto estava sofrendo.

Será que não era hora de libertá-la da maneira certa?

De repente, Guto raciocinou:

E se ele se oferecesse para dar aulas de reforço para o Tiago?

Na hora do recreio, procurou o colega, que ficou muito sem graça, e quis esquivar-se.

Mas Guto não deixou. Conseguiu convencê-lo a aceitar as aulas.

Em pouco tempo, Tiago foi melhorando suas notas, sem precisar "colar" de ninguém.
Os professores ficaram surpresos.
Os pais de Tiago ficaram surpresos.
Ele e Guto eram agora os melhores amigos.
Guto havia conseguido descobrir como liberar sua raiva, TRANSFORMANDO-A EM AMOR.
Ele estava radiante!

25

Descobriu também que homem de verdade não é aquele que esconde suas emoções com medo de parecer fraco.

Homem de verdade é o que deixa que as palavras boas, os sorrisos, as lágrimas, a solidariedade e o amor saiam voando por aí.

Como BORBOLETAS coloridas!

Logo chegou à seguinte conclusão:
O mundo todo anda triste.
Cheio de violência.
Sem Amor.

É que as pessoas sonham com a Felicidade.

Mas não sabem que a felicidade está presa dentro delas.

É preciso que todo mundo acorde do sonho em que vive e faça das Borboletas

Coloridas do seu interior a realidade de um Mundo Melhor.

Cheio de Paz.

De Alegria.

De Fraternidade.

Sem violência.

E com muito, muito, muito AMOR!

PORQUE TODOS NÓS SOMOS
FILHOS DO MESMO PAI, QUE É DEUS.
LOGO; TODOS NÓS SOMOS IRMÃOS!

27